55 BLUMEN-GRÜSSE

CARIN REITERER

CARIN REITERER VERLAG

Bibliografische Information Der Deutschen Bibliothek

Die Deutsche Bibliothek verzeichnet diese Publikation in der Deutschen Nationalbibliografie; detaillierte bibliografische Daten sind im Internet über http://dnb.ddb.de abrufbar.

Originalausgabe

Umschlaggestaltung: Carin Reiterer

Satz: Carin Reiterer

Printed in Germany

ISBN 3-9807755-8-5

Herstellung: Books on Demand GmbH

I

ICH SUCHTE EINEN ENGEL

Ich suchte einen Engel- meinen ganz persönlichen, nur für mich bestimmten Engel.
Ich konnte ihn lange Zeit nicht finden- sosehr ich mich auch bemühte.
Viele falsche Engel spielten ihr falsches Spiel mit mir.
Sie tarnten sich gut, doch ich habe sie alle entlarvt.
Als ich in meinem Heimatland nicht fündig wurde, begab ich mich auf eine große Reise.
Alle Länder, alle Erdteile, die ganze Welt habe ich gesehen- aber meinen Engel habe ich nicht gefunden.
Kurze Zeit vor Weihnachten kehrte ich allein und unverrichteter Dinge zurück.
Ich hatte die Hoffnung aufgegeben, meinen ganz persönlichen, nur für mich bestimmten Engel jemals zu finden.
Doch dann...

Mein Engel.
Ich habe auf der ganzen Welt nach Dir gesucht.
Und dabei warst Du schon die ganze Zeit hier, ganz nah bei mir.

II

DAS ALLEINSEIN

Als sie sehr jung war, dachte sie, allein nicht leben
zu können.
Das Alleinsein machte ihr Angst.
Sie hatte es nicht gelernt.
Sie stürzte sich wahllos in Beziehungen- aus Angst,
daß sich kein anderer Mann mehr finden würde.
Aber diese Kompromisse machten sie nicht wirklich
glücklich.
Sie merkte, daß man auch in einer Beziehung sehr einsam
sein kann.
Sie trennte sich wieder und wieder- um schnell eine neue,
ebenso unglückliche Beziehung einzugehen.
So ging es viele Jahre.
Sie glaubte nicht mehr daran, aus diesem Teufelskreis
jemals wieder herauszukommen.
Irgendwann hielt sie es einfach nicht mehr aus.
Sie brach alle Brücken hinter sich ab, um endlich zu
sich selbst zu finden.
Doch erst nach und nach lernte sie, daß Einsamkeit
in einer unglücklichen Beziehung schlimmer als Alleinsein
sein kann.
Heute würde sie nie mehr einen solchen Kompromiß eingehen,
denn sie möchte ihre schwererkämpfte Selbständigkeit nicht
mehr missen.

III

DAS WACHS

Als sie sehr jung war, dachte sie, sie sei es nicht wert, geliebt zu werden.
Dies steckte tief in ihr drin.
Sie kam nicht dagegen an.
Auf ihrer verzweifelten Suche nach Wärme und Geborgenheit geriet sie immer wieder an Männer, die ihr zartes Wesen zerbrechen wollten, um sie gefügig und abhängig zu machen.
Viele Männer versuchten, ihren Widerstand zu brechen und sie zu ändern- innerlich und äußerlich.
Sie ließ es geschehen- aus Angst, am Ende allein zu bleiben.
Sie wurde in den Händen der Männer zu Wachs.
Doch glücklich wurde sie dadurch nicht.
Sie hatte das Gefühl, sich mehr und mehr zu verleugnen.
Dies ging so weit, daß sie sich fast selbst aufgegeben hätte, um anderen zu gefallen.
Sie konnte niemandem einen Wunsch abschlagen- wenn es auch fast unmöglich war und ihre Kräfte überstieg, alle Wünsche zu erfüllen.
Doch das konnte nicht immer so weitergehen.
Erst als sie sich distanzierte und Abstand gewann, sah sie viele Dinge wieder klarer.

Heute würde sie sich niemals mehr für einen anderen Mensch
ändern.
Sie hat erkannt, daß es wichtiger ist, sich selbst treu zu blei
und sich so zu akzeptieren, wie man ist.

IV

DIE LIEBE

"Willst Du die Liebe kennenlernen?" wurde sie gefragt.
"Die einzige, große, wahre Liebe- die Liebe, für die man sterben kann?"
"Ja", antwortete sie, "dafür würde ich mein Leben geben."
Viele Männer lernte sie kennen- sie kamen und gingen.
So mancher bekundete Interesse an ihr.
"Man kann für Dich nicht sterben", war immer ihre Antwort.
Und so vergingen viele Jahre.
Sie glaubte nicht mehr daran, jemals so etwas wie Liebe zu erfahren.
Doch eines Tages fand sie, wonach sie so lange gesucht hatte- es war die kürzeste und doch glücklichste Zeit ihres Lebens.
"Du bist die einzige, große, wahre Liebe- die Liebe, für die man sterben kann!" hörte sie sich sagen.
Und auch wenn sie dafür ihr Leben gab, so war der Preis doch nicht zu hoch.

V

DIE SEHNSUCHT

Auch als sie noch ein Kind war, war sie nie wirklich unbeschwert.
Sie fühlte oft ein unbestimmtes Sehnen in sich.
Sie dachte, es würde mit dem Älterwerden vergehen.
Aber das stimmte nicht.
Im Gegenteil, mit zunehmendem Alter wurde die Sehnsucht immer größer.
Sie konnte sie nicht einordnen.
Es war, als riefen fremde und doch vertraute Stimmen nach ihr.
Im Laufe ihres Lebens wurden diese Stimmen immer lauter, lauter und lauter...
Sie riefen ihren Namen, immer wieder und immer öfter.
Sie hörten gar nicht mehr auf, ihren Namen zu rufen.
Irgendwann ließ sie sich einfach fallen...und fühlte eine nie gekannte, unendliche Geborgenheit.
Und nun wußte sie, wonach sie gesucht hatte...endlich hatte sich ihre Sehnsucht erfüllt...für immer.

VI

DAS MÄDCHEN MIT DEM WEICHEN HERZEN

Es war einmal ein Mädchen, das das weichste Herz
von allen Mädchen auf Erden hatte.
Niemandem konnte es einen Wunsch abschlagen- so
absurd und anmaßend manche Wünsche auch waren.
Nur wurde ihm leider nichts gedankt und nichts geschenkt.
Alle nutzten es nur aus und waren ihrerseits nicht bereit,
ihm in Notsituationen beizustehen.
Und wenn das Mädchen nicht vor Gram gestorben ist,
läßt es sich noch heute ausnutzen.

VII

DAS MÄDCHEN MIT DEM LIEBEVOLLEN HERZEN

Es war einmal ein Mädchen, das das liebevollste Herz von allen Mädchen auf Erden hatte.
Doch viele Männer bedankten sich bestenfalls, weil sie meinten, sie bräuchten die Liebe des Mädchens nicht.
Einige wurden sogar richtig böse und jagten das Mädchen aus der Stadt.
Und wenn das Mädchen nicht vor Liebeskummer gestorben ist, versucht es noch heute vergeblich, seine Liebe an den Mann zu bringen.

VIII

DAS MÄDCHEN MIT DEM GUTEN HERZEN

Es war einmal ein Mädchen, das das beste Herz von allen Mädchen auf Erden hatte.
Es achtete sehr auf innere Werte und bemühte sich, ein liebenswerter Mensch zu sein.
Doch die anderen Leute waren nur auf Äußerlichkeiten bedacht und interessierten sich nicht für Charakterstärke.
Sie wußten das Mädchen nicht zu würdigen und verurteilten es sogar.
Und wenn das Mädchen nicht vor Traurigkeit gestorben ist, wird es noch heute unterschätzt.

IX

DAS MÄDCHEN MIT DEM MUTIGEN HERZEN

Es war einmal ein Mädchen, das das mutigste Herz von allen Mädchen auf Erden hatte.
Es tanzte gerne einmal aus der Reihe und ließ sich nicht von anderen formen.
Es vertrat seine eigene Meinung, auch wenn diese anderen Menschen nicht paßte.
Das war anderen Leuten ein Dorn im Auge, denn sie wollten, daß jeder Mensch in eine bestimmte Schablone paßte.
Da das Mädchen sich nicht anpassen konnte, stießen sie es aus ihrem Kreis aus.
Und wenn das Mädchen nicht vor Einsamkeit gestorben ist, läßt es sich noch heute nicht verändern.

X

DAS LEBEN

Es war einmal eine junge Frau, die in den Tag hinein lebte.

Das Leben erschien ihr oft sinnlos.

Sie konnte wenig Schönes und erst recht nichts Sinnvolles darin entdecken.

Doch dann wurde die junge Frau eines Tages sehr krank.

Sie war vom Tode bedroht.

Auf einmal merkte sie, wie wertvoll das Leben ist.

Sie wollte es nicht verlieren.

Diese Erkenntnis gab ihr die nötige Kraft, um ihr Leben zu kämpfen und wieder gesund zu werden.

XI

DER ERFOLGSMENSCH

"Guten Tag, mein Name ist Erfolgsmensch.
Ich kann alles, weiß alles, schaffe alles, habe alles.
Ich habe viel Erfolg im Beruf und kann mir so gut wie alles leisten.
Aber ich fühle mich innerlich so leer...
Ich denke über mein Leben nach und frage mich, ob das alles war: Nur Erfolg, Erfolg und Erfolg?
Und dafür habe ich sämtliche Beziehungen zu anderen Menschen geopfert.
Ich hatte nur meine Karriere im Kopf.
Nun bin ich müde geworden und habe niemanden, bei dem ich mich anlehnen kann.
Doch es ist nie zu spät, mein Leben zu ändern.
Ich kehre zu meinen Wurzeln zurück.
Ich möchte kein Erfolgsmensch mehr sein.
Ich möchte verletzlich sein und Schwächen zeigen können.
Ich möchte nach Hause."

XII

DAS ERKENNEN

Nun stehe ich vor Dir.
Wirst Du mich erkennen?

Du schaust mich schweigend an.
Ich kann nichts lesen in Deinem Blick.

Du siehst mich fragend an.
Kennen wir uns?

Erinnerst Du Dich nicht an mich?
Erkennst Du mich nicht?

Du bist mir so vertraut.
Fühlst Du das nicht auch?

Warum siehst Du nicht, wer ich bin?
Wir haben uns schon immer gekannt.

Du schaust mich zweifelnd an.
Ich bin diejenige, die Du immer gesucht hast.

Du siehst mich prüfend an.
Dein Blick trifft mitten in mein Herz.

Ich habe Dich sofort erkannt.
Ein Blick in Deine Augen genügte.

Endlich hast Du mich auch erkannt.
Alles fängt wieder von vorne an.

XIII

VERZEIH MIR

Verzeih mir.

Ich werde tun müssen, was noch zu tun ist.
Auch wenn es schwerfällt.

Ich werde anderen weh tun müssen.
Es gibt keine andere Möglichkeit.

Es gibt keinen Ausweg mehr.
Zumindest ist keiner zu sehen.

Kennst Du die Verzweiflung?
Die alles zerstörende, alles verschlingende?

Kennst Du den Schmerz?
Den unendlich großen, alles andere auslöschenden?

Das Unvorstellbare tun?
Warum nicht?

Ich möchte nicht, daß etwas bleibt.
Ich möchte, daß nichts bleibt.

Das Nichts.
Das absolute Nichts.

Ich muß tun, was noch zu tun ist.
Auch wenn es schwerfällt.

Verzeih mir.

XIV

IHR BITTERSÜSSES LACHEN

Ich möchte, daß sie wieder lacht- nur für mich.

Da ist so eine tiefe Traurigkeit in ihr.
Ich möchte sie vertreiben.
Werde ich es schaffen?
Ich werde es wieder und wieder versuchen- mein Leben lang.

Da ist so eine tiefe Traurigkeit in ihr.
Ich möchte sie glücklich machen.
Werde ich es schaffen?
Ich werde es wieder und wieder versuchen- mein Leben lang.

Da ist so eine tiefe Traurigkeit in ihr.
Ich möchte sie wenigstens zum Lächeln bringen.
Werde ich es schaffen?
Ich werde es wieder und wieder versuchen- mein Leben lang.

Da ist so eine tiefe Traurigkeit in ihr.
Es scheint, als würde sie niemals vergehen.
Doch dann- ein erstes leises Lächeln, kaum merklich.
Ich vergewissere mich, schaue ganz genau hin.

Und sie lacht- nur für mich.

XV

SEINE SCHWACHEN STUNDEN

Es sind seine schwachen Stunden,
die ich so mag.

Es sind seine schwachen Stunden,
in denen wir uns ganz nahe sind.

Es sind seine schwachen Stunden,
die mir so wichtig sind.

Es sind seine schwachen Stunden,
die ich nie vergessen kann.

Es sind seine schwachen Stunden,
in denen ich das Leben spüre.

Es sind seine schwachen Stunden,
in denen ich an Liebe glaube.

Es sind seine schwachen Stunden,
in denen ich diesen starken Mann ganz für mich habe.

Unbeschrieben

Noch
bist
Du
ein
leeres
unbeschriebenes
Blatt
meiner
Liebe
eines
unter
vielen

Nur für mich

Ich
will
Dich
haben
als
was
auch
immer

Mann
Geliebter
Freund

sei
alles
aber
sei
es
für
mich

So glücklich

Ich
bin
mit
Dir
in diesem Augenblick
so glücklich
daß
es
für
ein ganzes Leben
reicht

Ich
bin
mit
Dir
in diesem Augenblick
so glücklich
daß
es
für
mein ganzes Leben
reicht

Etwas früher

Ich
darf
gar
nicht
darüber
nachdenken
was
wäre
wenn
wir
uns
nur
etwas
früher
getroffen
hätten

Was alles sein könnte

Ich
sehe
es
in
Deinen
Augen
was
alles
sein
könnte

Du
weißt
es

ich
weiß
es

was
alles
sein
könnte
Du
siehst
es
in
meinen
Augen

Genau

Du
bist
genau
der
Mann
den
ich
immer
lieben
wollte

Ein bißchen zu weit

Komm
und
geh
mit
mir
ein
bißchen
zu
weit

Niemals im Leben

Wenn
ich
könnte
wie
ich
wollte
würde
ich
Dich
niemals
im
Leben
loslassen

Wenn
Du
nur
zu
mir
gehörtest
würde
ich
Dich
niemals
im
Leben
gehenlassen

Spuren

Ich
werde
Dich
für
immer
lieben
denn
Du
hast
mir
die
Spuren
Deiner
Liebe
in
mein
Herz
geschrieben

Woher und warum

Ich kenne Dich
ich weiß nicht
woher

Du bist mir vertraut
ich weiß nicht
warum

Sag Du mir
woher
warum

Für alle Zeit

Ich
habe
Dir
mein
Herz
geschenkt
nun
gehört
es
Dir
für
alle
Zeit

Zu Füßen

Ich
bin
so
verliebt
in
Dich
merkst
Du
nicht
daß
mein
Herz
Dir
zu
Füßen
liegt

Meine starken Gefühle
wie
kann
ich
sie
Dir
zeigen
hör
einfach
auf
mein beredtes Schweigen

Deine Tränen

Ich
möchte
Deine
Tränen
weinen
ich
mache
sie
zu
meinen

Dein Schatten

Ich
möchte
wie
Dein
Schatten
sein
untrennbar
mit
Dir
verbunden

Sternenkind

Wir fliegen
mit
dem Wind
ich
und
Du
mein Sternenkind

Wir wissen nicht
wo wir
morgen sind
ich
und
Du
mein Sternenkind

XVI

WEISSE BLUMEN

Erinnerst Du Dich?
An mich, an unsere gemeinsame Zeit?
Oder hast Du mich vergessen?

Unser Kennenlernen.
Ich hätte nie gedacht, daß ich mich in Dich verlieben würde!
Und dann ist es doch passiert.

Vermißt Du mich?
Warum hast Du mich verlassen?
Wolltest Du nicht bei mir bleiben?

Unsere Trennung.
Ich hätte nie gedacht, daß ich Dich so sehr vermissen würde!
Und jetzt vermisse ich Dich mit jedem Tag mehr.

Du warst mein Lachen.
Ich habe mein Lachen verloren.
Werde ich Dich und mein Lachen wiederfinden?

Ich habe Angst, fühle mich hilflos.
Werde ich allein zurechtkommen?
Werde ich daran zerbrechen?

Was wird sein?
Gibt es ein Licht am Ende des Tunnels?
Werden wir uns am Ende des Tunnels wiedersehen?

Ich habe erfahren, wo Du jetzt bist.
Ich möchte Dich besuchen.
Werde ich aufgeregt sein- wie früher?

Jetzt stehe ich hier, und die weißen Blumen zittern
in meiner Hand.

Schreiben

Das Gefühl
des Augenblicks
mit Worten
festhalten

Leere in mir

Du
bist
gegangen
und
nicht
mehr
hier
fühlst
Du
diese
Leere
in
mir

Und
nun
fehlst
Du
mir
so
sehr
fühlst
Du
diese
Leere
in
mir

Wo?

Hier
sitze
ich
und
weine
um
Deine Liebe
und
um
meine Liebe
wo
ist
sie
geblieben
unsere Liebe

Neue alte Wunden

Tränen
fließen
und
ich
zähle
seit
Stunden
die
neuen
alten
Wunden

Tränen in der Nacht

Ich
habe
oft
statt
zu
weinen
gelacht
verstehst
Du
endlich
meine
Tränen
in
der
Nacht

Ängste

Was
hat
man
noch
zu
geben
so viel Elend
so viel Not
hast
Du
Angst
vor
dem Leben
oder
Angst
vor
dem Tod

Der größte Schmerz

Liebe
ist
der
größte
Schmerz

Dich
loslassen
müssen

Dich
gehenlassen
müssen

weil
unendlich
viel
dagegen
spricht

Einmal zuviel

Ein
enttäuschter
Traum
zuviel

Eine
enttäuschte
Hoffnung
zuviel

Eine
enttäuschte
Liebe
zuviel

Alles
einfach
einmal
zuviel

Unwirklich

Träumen

Erwachen

Alles
wird
unwirklich

Die
Realität
hat
mich
wieder

Wie?

Wenn
es
wirklich
zählt
-Wie
werde
ich
entscheiden?

Lautlos

Mitleid
Hilflosigkeit
...und
 Tränen
 fallen
 lautlos

Entschuldigung

...und
ich
fühle
mich
auf
einmal
so
leicht

Schönster Moment

Werde
ich
bereit
sein
für
Deinen
schönsten
Moment
oder
habe
ich
dann
gerade
keinen
Sinn
dafür

Sehnen

Manchmal
im
gleißenden
Sonnenlicht
sehne
ich
mich
nach
Dunkelheit

Manchmal
im
kalten
Nebel
sehne
ich
mich
nach
Helligkeit

Licht und Schatten

Ich
komme
mir
vor
wie
eine
Blume
im
Schatten
lebend
und
sich
nach
Licht
sehnend

Beschrieben

Nun
habe
ich
Dich
unverwechselbar
beschriftet
beschrieben
mit
meiner
Liebe
und
gebe
Dich
nicht
mehr
her

XVII

DER KLEINE NASENBÄR TRIFFT EINEN FREUND

Der kleine Nasenbär trifft einen Freund.
Der kleine Nasenbär erzählt und erzählt und erzählt...
von der Welt, von seinen Erlebnissen, von seiner Sicht der Dinge, und, und, und...
Er hört gar nicht mehr auf.
Stunde für Stunde, Tag für Tag, Woche für Woche.
Der andere kleine Nasenbär hört zu.
Stunde für Stunde, Tag für Tag, Woche für Woche.
Irgendwann kann er nicht mehr.
"Er interessiert sich überhaupt nicht für MICH", denkt er.
"Er braucht nur meine Ohren!"
Enttäuscht geht er davon und läßt seinen Freund allein.
Der kleine Nasenbär wird ganz nachdenklich und bekommt ein schlechtes Gewissen.
"Ich habe ihm immer alles über MICH erzählt", denkt er.
"Nur wie es IHM geht, habe ich ihn nie gefragt."
Der kleine Nasenbär möchte das ändern.
Vielleicht kann er es wieder gutmachen, wenn er seinen Freund das nächste Mal trifft?

XVIII

DER KLEINE NASENBÄR FÄHRT GERN AUTO

Der kleine Nasenbär fährt gern Auto.
Der kleine Nasenbär hat aber keinen Führerschein.
Fahren ohne Führerschein ist verboten und außerdem sehr gefährlich.
Daran denkt der kleine Nasenbär aber nicht.
Er fährt und fährt und fährt...
Autofahren macht Spaß!
Er fährt weiter und fährt weiter und fährt weiter... und vergißt zu bremsen.
Sein Auto erfaßt einen anderen kleinen Nasenbären, der zufällig des Weges kommt.
Der andere kleine Nasenbär bricht sich ein Bein und muß ins Krankenhaus gebracht werden.
Der kleine Nasenbär ist darüber sehr unglücklich.
Er besucht den anderen kleinen Nasenbären und entschuldigt sich.
Er schämt sich dafür, erst dadurch, daß ein anderer kleiner Nasenbär durch seine Schuld verletzt worden ist, zur Vernunft gekommen zu sein, und verspricht, bald den Führerschein zu machen.

XIX

DAS HOCHNÄSIGE SCHWEINCHEN

Das hochnäsige Schweinchen geht seines Weges.
Es trifft auf ein anderes Schweinchen.
"Hallo, möchtest Du mit mir einen Spaziergang machen?" fragt das andere Schweinchen.
"Aber nein, das ist mir nicht gut genug!" antwortet das hochnäsige Schweinchen, rümpft die Nase und trägt sie noch ein bißchen höher.
Das hochnäsige Schweinchen geht seines Weges.
Es trifft auf zwei andere Schweinchen.
"Hallo, möchtest Du mit uns Pilze suchen?"
fragen die anderen Schweinchen.
"Aber nein, das ist mir nicht gut genug!" antwortet das hochnäsige Schweinchen, rümpft die Nase und trägt sie noch ein bißchen höher.
Das hochnäsige Schweinchen geht seines Weges.
Es trifft auf drei andere Schweinchen.
"Hallo, möchtest Du mit uns ein Eis essen?"
fragen die anderen Schweinchen.
"Aber nein, das ist mir nicht gut genug!" antwortet das hochnäsige Schweinchen, rümpft die Nase und trägt sie noch ein bißchen höher.
Das hochnäsige Schweinchen geht seines Weges.
Mittlerweile kann es fast gar nichts mehr sehen, weil es ja seine Nase so hoch trägt.
Es sieht natürlich auch nicht die Grube, in die es mit Getöse hineinfällt.

Und wenn die sechs anderen Schweinchen nicht zur Stelle wären und es herauszögen... ja, dann würde es wohl noch lange in der Grube liegen und kläglich um Hilfe rufen. Man kann also sagen, daß es Glück im Unglück hat. Das Schweinchen lädt alle seine neuen Freunde zu einem Festessen ein und nimmt sich ganz fest vor, nie wieder ein hochnäsiges Schweinchen zu sein.

XX

DAS ÄNGSTLICHE SCHWEINCHEN

Das ängstliche Schweinchen geht seines Weges.
Es trifft auf ein anderes Schweinchen.
"Hallo, möchtest Du mit mir eine Runde Schach spielen?" fragt das andere Schweinchen.
"Oh je- das geht bestimmt schief", sagt das ängstliche Schweinchen leise vor sich hin.
Und siehe da- so ist es dann auch, denn das ängstliche Schweinchen verliert haushoch.
Das ängstliche Schweinchen geht seines Weges.
Es trifft auf zwei andere Schweinchen.
"Hallo, möchtest Du mit uns eine Runde Skat spielen?" fragen die anderen Schweinchen.
"Oh je- das geht bestimmt schief", sagt das ängstliche Schweinchen leise vor sich hin.
Und siehe da- so ist es dann auch, denn das ängstliche Schweinchen verliert haushoch.
Das ängstliche Schweinchen geht seines Weges.
Es trifft auf drei andere Schweinchen.
"Hallo, möchtest Du mit uns eine Runde Minigolf spielen?" fragen die anderen Schweinchen.
"Oh je- das geht bestimmt schief", sagt das ängstliche Schweinchen leise vor sich hin.
Und siehe da- so ist es dann auch, denn das ängstliche Schweinchen verliert haushoch.

Das ängstliche Schweinchen geht seines Weges.
Es zieht die Schultern ein, weil es schon mit einem weiteren Fehlschlag rechnet, und sieht sehr traurig aus.
Es trifft die sechs anderen Schweinchen wieder.
"Du verlierst immer, weil Du schon mit einer Niederlage rechnest", sagen die sechs anderen Schweinchen.
"Nimm dir ein Beispiel an uns- bei uns ist es genau umgekehrt!
Wir rechnen zunächst einmal mit einem Sieg- und deshalb gewinnen wir, zwar nicht immer, aber oft."
Das ängstliche Schweinchen denkt lange darüber nach.
Schließlich lädt es alle seine neuen Freunde zu einem Festessen ein- und gewinnt im Schach, im Skat und sogar im Minigolf.

XXI

DAS KLEINE MÄDCHEN SUCHT EINEN FREUND

Das kleine Mädchen sucht einen Freund.
Das kleine Mädchen ist so viel allein.
Das kleine Mädchen lernt einen ersten kleinen Jungen kennen.
"Könnte dieser kleine Junge vielleicht mein Freund sein?" überlegt das kleine Mädchen.
Aber der kleine Junge mag nur rote Haare.
Also stülpt sich das kleine Mädchen eine rote Perücke auf.
Der kleine Junge freut sich.
Aber das kleine Mädchen mag sich selbst nicht mehr.
Das kleine Mädchen wird ganz traurig.
"Dieser kleine Junge ist doch nicht der richtige Freund für mich", denkt das kleine Mädchen und nimmt die rote Perücke wieder ab.
Das kleine Mädchen sucht weiter.
Das kleine Mädchen lernt einen zweiten kleinen Jungen kennen.
"Könnte dieser kleine Junge vielleicht mein Freund sein?" überlegt das kleine Mädchen.
Aber der kleine Junge mag nur schwarze Haare.
Also stülpt sich das kleine Mädchen eine schwarze Perücke auf.
Der kleine Junge freut sich.
Aber das kleine Mädchen mag sich selbst nicht mehr.
Das kleine Mädchen wird ganz traurig.

"Dieser kleine Junge ist doch nicht der richtige Freund für mich", denkt das kleine Mädchen und nimmt die schwarze Perücke wieder ab.

Das kleine Mädchen sucht weiter.

Es ahnt nicht, daß auch ein dritter kleiner Junge viel allein ist.

Dieser kleine Junge sucht eine Freundin.

"Könnte dieses kleine Mädchen vielleicht meine Freundin sein?
überlegt der kleine Junge.

Dieser kleine Junge mag das kleine Mädchen so, wie es ist.

Nun sind das kleine Mädchen und der kleine Junge gar nicht mehr traurig und allein.

XXII

DAS KLEINE MÄDCHEN UND DER GROSSE COUP

Das kleine Mädchen kann träumen.
Das ist an sich nichts Besonderes.
Aber das kleine Mädchen hat besondere Träume.
In seinen Träumen kann das kleine Mädchen in die Zukunft sehen.
Das kleine Mädchen weiß immer, was in nächster Zeit geschehen wird.
So etwas spricht sich natürlich herum.
Eines Tages kommt diese Fähigkeit auch drei Räubern zu Ohren, die einen großen Coup planen.
Die drei Räuber fürchten, daß das kleine Mädchen von diesem großen Coup träumen könnte.
Also entwickeln sie ein Gerät, mit dem sie die Träume des kleinen Mädchens messen können.
Sie beschließen, das kleine Mädchen zu entführen, falls es tatsächlich von dem großen Coup träumen sollte.
Das spricht sich wieder herum.
Es kommt auch dem kleinen Mädchen zu Ohren.
Das kleine Mädchen hat Angst.
Es traut sich nicht mehr zu schlafen.
Es könnte ja etwas träumen.
Da das kleine Mädchen nicht mehr schlafen kann, können die drei Räuber natürlich auch keine Träume messen.
Sie freuen sich.

Sie fühlen sich sicher und führen ihren großen Coup aus.
Doch die drei Räuber haben Pech- das kleine Mädchen ist genau in diesem Augenblick eingeschlafen und hat von dem großen Coup geträumt.
Das kleine Mädchen alarmiert die Polizei.
Die drei Räuber werden verhaftet.
Das ist an sich ja auch schön.
Aber das kleine Mädchen hat immer noch Angst.
"Wie soll es jetzt weitergehen?" fragt es sich.
"Soll ich immer Angst vor dem Schlafen haben, weil ich ja etwas träumen könnte?"
Das kleine Mädchen soll von der Polizei eine Belohnung für seine Hilfe bekommen.
Es hat einen Wunsch frei.
Das kleine Mädchen wünscht sich, ein ganz normales kleines Mädchen zu sein und nicht mehr in die Zukunft sehen zu können.
Der Wunsch wird ihm erfüllt.
Nun kann das kleine Mädchen wieder unbesorgt schlafen.

XXIII

DER KREIS

Es herrschte der Winter schon seit langer Zeit.
Er war mittlerweile so alt geworden, daß ein Nachfolger gesucht werden mußte.
Der Frühling wurde zum Vorstellungsgespräch gebeten.
Der Frühling zitterte.
"Hier ist es mir zu kalt", dachte er.
Also erwärmte er die Erde und fühlte sich richtig wohl.

Es herrschte der Frühling schon seit langer Zeit.
Er war mittlerweile so alt geworden, daß ein Nachfolger gesucht werden mußte.
Der Sommer wurde zum Vorstellungsgespräch gebeten.
Der Sommer fror.
"Hier ist es mir zu kühl", dachte er.
Also erwärmte er die Erde und fühlte sich richtig wohl.

Es herrschte der Sommer schon seit langer Zeit.
Er war mittlerweile so alt geworden, daß ein Nachfolger gesucht werden mußte.
Der Herbst wurde zum Vorstellungsgespräch gebeten.
Der Herbst schwitzte.
"Hier ist es mir zu heiß", dachte er.
Also kühlte er die Erde ab und fühlte sich richtig wohl.

Es herrschte der Herbst schon seit langer Zeit.
Er war mittlerweile so alt geworden, daß ein Nachfolger gesucht werden mußte.
Der Winter wurde zum Vorstellungsgespräch gebeten.
Der Winter bekam Hitzewellen.
"Hier ist es mir zu warm", dachte er.
Also kühlte er die Erde ab und fühlte sich richtig wohl.

Und so schließt sich der Kreis und beginnt wieder neu...